INHALT

W0302495

Liebe Besucherinnen und Besucher!

Wir heißen Sie herzlich willkommen und freuen uns über Ihr Interesse am Kaiserdom Königslutter. Sie halten ein kleines Buch in den Händen, mit dessen Hilfe Sie sich vor Ort über die Geschichte, Architektur und Bauskulptur sowie über die Malereien und die Ausstattung informieren können. Lassen Sie sich durch den Kaiserdom begleiten: Die Erläuterungen sind zum großen Teil mit ‚Standpunkten' verbunden, kleine Piktogramme dienen der Orientierung, Format und Bindung sollen die Handhabung erleichtern.

Der Kaiserdom zählt zu den bedeutenden Bauwerken der Romanik in Deutschland. Er gilt als sächsisches Gegenstück zum Dom in Speyer, der Grabeskirche von Lothars Vorgängern, den Saliern. Wie dort, sind es auch hier die Gewölbearchitektur und die italienische Bauskulptur, die den imperialen Anspruch der Stifter zum Ausdruck bringen. Allein die imposante Erscheinung des Bauwerks weist auf seine ‚Kaiserlichkeit' hin; Mitte des 12. Jahrhunderts war es eines der größten in Norddeutschland.

Der Kaiserdom gehört zur TRANSROMANICA – Kulturroute des Europarats. Das Netzwerk setzt sich für die Bewahrung des europäischen Erbes der romanischen Architektur ein. Es fördert kulturelle Vielfalt und gegenseitigen Austausch über Grenzen hinweg.

Um die herausragende Persönlichkeit Kaiserin Richenzas und ihre Rolle als Mitregentin und Teilhaberin der Macht zu würdigen, wurde 2021 der „frauenORT Kaiserin Richenza" etabliert.

Im vertrauensvollen Miteinander tragen die Eigentümerin, die Stiftung Braunschweigischer Kulturbesitz, und die Stiftskirchengemeinde gemeinsam die Verantwortung für das herausragende Kulturdenkmal.

Wir wünschen Ihnen viele neue Erkenntnisse und Einsichten zum Kaiserdom sowie einen angenehmen Aufenthalt in Königslutter.

Maria-Rosa Berghahn,
Direktorin der Stiftung Braunschweigischer Kulturbesitz
Dr. Norbert H. Funke

Hinweis: Farbig gekennzeichnete Begriffe werden im Glossar ab Seite 118 erläutert.

KAISERDOM

In bester Gesellschaft

Die ehemalige Benediktiner-Abteikirche St. Peter und Paul wird heute Kaiserdom genannt.

Der Begriff „Kaiserdom" wurde im 19. Jahrhundert geprägt. Er bezog sich zunächst nur auf die großen rheinischen Dome in Speyer, Mainz und Worms. Später verstand man darunter alle monumentalen Kirchenbauten, die sich mit dem römisch-deutschen Kaisertum des Mittelalters in Verbindung bringen lassen, also auch die Dome in Aachen, Bamberg, Frankfurt am Main und Königslutter. Zu erweitern wäre diese traditionelle Siebenergruppe der Kaiserdome noch um den Magdeburger und den Merseburger Dom.

ROMANIK

Der Kaiserdom ist ein Bauwerk der Romanik. Die Romanik ist die erste große Stilepoche des Mittelalters. Sie entwickelte sich um die erste Jahrtausendwende in ganz Europa und dauerte bis etwa 1250 an. Der nachfolgende Bau- und Kunststil ist die Gotik.

Der im 19. Jahrhundert geprägte Begriff „Romanik" macht die Verwandtschaft zur römisch-antiken Architektur deutlich. Dicke gemauerte Wände mit relativ kleinen Fensteröffnungen bestimmen den Charakter romanischer Architektur. Ein weiteres Erkennungsmerkmal ist der Rundbogen, der als Überdeckung von Öffnungen, als Verbindung von **Säulen** und **Pfeilern** oder als Zierelement vorkommt.

Die Bauten der Romanik sind meist aus geometrischen Grundkörpern – Würfel, Quader, Zylinder, Kegel, (Halb-)Kugel – zusammengesetzt. Der Kaiserdom ist ein typisches Beispiel für dieses „additive Prinzip", das sich im Inneren als Komposition von Teilräumen widerspiegelt.

Löwenportal

LOTHAR III.

Eine außergewöhnliche Karriere vom sächsischen Provinzfürsten zum Herrscher des Abendlands

Herzog

Lothar, 1075 geboren, stammte aus sächsischem Hochadel. Seine Heimat war die Region zwischen Braunschweig und Helmstedt. Nach dem Stammsitz seiner Familie wird er „Lothar von Süpplingenburg" genannt. Durch seine Heirat mit Richenza von Northeim im Jahr 1100 gewann er umfangreiche Besitz- und Herrschaftsrechte hinzu. 1106 wurde er zum Herzog von Sachsen erhoben.

König

1125 wurde Lothar in der Aachener Karlskapelle zum König gekrönt, nachdem er sich bei der vorausgegangenen Wahl gegen seine Konkurrenten durchgesetzt hatte. Es kam zu einem Konflikt mit dem unterlegenen Staufer Friedrich II. und dessen Bruder Konrad, der fast die gesamte Regierungszeit Lothars überschattete. Unterstützung im Kampf gegen seine Widersacher fand Lothar beim bayerischen Herzog Heinrich dem Stolzen. Er band den Welfen fest an sich, indem er ihm seine Tochter Gertrud zur Frau gab und die sächsische Herzogswürde an ihn übertrug. Der Schwiegersohn sollte sein Nachfolger werden. Lothars Ziel war es, eine sächsisch-welfische Dynastie zu begründen.

Kaiser

Im Jahr 1133 zogen Lothar und seine Gemahlin Richenza nach Italien, um sich in Rom von Papst Innozenz II. zum Kaiser und zur Kaiserin krönen zu lassen. Da die Petersbasilika vom Gegenpapst Anaklet II. besetzt war, fand die Zeremonie in der Laterankirche statt. Im Verständnis seiner Zeitgenossen war Lothar ein direkter Nachfolger der antiken Kaiser – „von Gottes Gnaden erhabener Kaiser der Römer". Als sich 1135 die staufischen Rivalen unterwarfen, war Lothars Stellung im Reich unangefochten. Auf dem Höhepunkt seiner Macht fiel der Entschluss zum Bau einer Abteikirche im heimischen **Lutter**.

Tod

Bei seinem zweiten Feldzug gegen König Roger II. 1136/37 drang Lothar mit seinem Heer bis nach Apulien vor. Auf dem Rückweg starb er am 4. Dezember 1137 in Breitenwang/Tirol. Seine Gebeine wurden nach Königslutter überführt und am letzten Tag des Jahres in der unvollendeten Kirche unter einem provisorischen Totenhaus beigesetzt. Die Zeitgenossen würdigten die Regierungszeit Lothars als eine Ära des Friedens.

Darstellung Kaiser Lothars III.
im Chor (19. Jh.)

RICHENZA VON NORTHEIM

Richenza wurde um 1088 geboren. Ihre Mutter war die Brunonin Gertrud (um 1060–1117), ihr Vater der mächtige sächsische Graf Heinrich der Fette von Northeim (um 1055–1101). Im Jahr 1100 heiratete sie Lothar von Süpplingenburg. An seiner Seite stieg sie zur Herzogin, dann zur Königin und schließlich zur Kaiserin auf.

Das Herrscherpaar teilte seine vielfältigen Aufgaben untereinander auf. Während sich Lothar eher dem Militärischen zuwandte, übernahm Richenza die Rolle einer Vermittlerin. Sie saß Gerichtsverhandlungen vor und stellte zahlreiche Urkunden aus. Wie keine andere Frau im 12. Jahrhundert konnte sie als Teilhaberin der Macht (*consors regni*) die Geschicke des Reichs aktiv mitgestalten.

Nach dem Tod Lothars 1137 unterstützte sie die Ansprüche ihres Schwiegersohns auf die Königskrone und das Doppelherzogtum Bayern und Sachsen. Nach dem frühen Tod Heinrichs machte sie sich für ihren noch minderjährigen Enkel Heinrich den Löwen stark und sicherte für ihn das sächsische Herzogtum. Richenza starb am 10. Juni 1141 und fand ihre letzte Ruhestätte an der Seite ihres Manns im Kaiserdom Königslutter.

HEINRICH DER STOLZE UND GERTRUD

Heinrich dem Stolzen gelang die Übernahme der Reichsherrschaft nach dem Tod seines Schwiegervaters Lothar III. nicht. 1139 starb er und wurde in Königslutter beigesetzt. Seine Witwe Gertrud heiratete ein zweites Mal. Sie starb 1143 bei der Geburt einer Tochter. Ihr Grab befindet sich im Kloster Heiligenkreuz bei Wien. Der Sohn von Heinrich und Gertrud, Heinrich der Löwe, vollendete den Bau seines Großvaters, ließ sich später aber eine eigene Grabeskirche in Braunschweig errichten (Stiftskirche St. Blasius, ab 1173).

Darstellung Richenzas
im Chor (19. Jh.)

GRÜNDUNG

Im Jahr 1135 löste Kaiser Lothar III. das von seinen Vorfahren mütterlicherseits ererbte Kanonissenstift in Lutter auf und gründete ein Benediktinerkloster am selben Ort. Zugleich legte er gemeinsam mit seiner Gemahlin Richenza den Grundstein für eine neue Kirche, den heutigen Kaiserdom. Der Neubau sollte die Grabeskirche für sie selbst, ihre Familie und Nachkommen sein sowie der Ort für die Memoria, das Totengedenken. Darüber hinaus hatte er eine demonstrative Funktion zu erfüllen als Zeichen des christlich-imperialen Machtanspruchs seiner Erbauer.

Die besondere Lage auf einem Geländesporn des Elms war ein entscheidender Aspekt bei der Wahl des Standorts. Noch heute beherrscht das Bauwerk mit seinen drei hoch aufragenden Türmen die Stadt und weithin sichtbar die Landschaft. Am Nordrand des Höhenzugs verlief ein bedeutender West-Ost-Fernhandelsweg, der die Städte Braunschweig und Magdeburg verband, und nicht weit entfernt befand sich der Stammsitz der Familie, die Süpplingenburg.

Die ersten Mönche unter Leitung von Abt Eberhard kamen aus dem Benediktinerkloster Berge bei Magdeburg, einem Zentrum der Hirsauer Reform in Norddeutschland. In der am 1. August 1135 ausgestellten Gründungsurkunde wurde das Kloster vom Kaiser mit umfangreichen Besitztümern ausgestattet. Es gehörte zu den reichsten Klöstern nördlich des Harzes. Das Petrus-Patrozinium des alten Stifts wurde übernommen, später kam Paulus als Schutzheiliger hinzu.

1

OSTBAU

Exquisit gefügt und dekoriert

Architektonischer Höhepunkt des Kaiserdoms ist der **Ostbau**. Hier zeigt sich deutlich der hohe Anspruch, den der Kaiser und die Kaiserin an ihr Bauwerk stellten. Bemerkenswert sind

- das homogene Mauerwerk. Die großformatigen Muschelkalk-Quader stammen aus einem nahe gelegenen Steinbruch im Elm und wurden so sorgfältig behauen, dass sie fast fugenlos verbaut werden konnten und vollkommen glatte Wandflächen erzeugen;
- die Anzahl der **Apsiden**: Fünf Apsiden zeichnen den Bau aus. Die Hauptapsis wird auf beiden Seiten von je zwei kleineren (Neben-)Apsiden begleitet;
- die Gliederung der Wände durch **Friese**, **Pilaster** und Halb**säulen**, aber auch durch das feine Spiel mit verschiedenen Ebenen;
- die reiche und äußerst qualitätvolle Bauskulptur an **Kapitellen** und Friesen.

HAUPTAPSIS

Die Hauptapsis ist in zwei Zonen unterteilt. Die untere ist geschlossen, die darüberliegende durch drei große Rundbogenfenster mit profilierten Gewänden weit geöffnet. **Akanthusfriese** begrenzen die Zonen nach oben. Sie zitieren römisch-antike Vorbilder. Bemerkenswert ist der natürliche Charakter der Blätter; es scheint fast, als wären sie lebendig. Auch die feinen Zierleisten (Perlstäbe) über den Blattreihen folgen antiken Mustern.

An der Hauptapsis ist der größte bearbeitete Steinblock verbaut. Er ist 3,63 Meter lang und 0,55 Meter hoch.

JAGDFRIES

Der untere Rundbogenfries an der Hauptapsis ist der Höhepunkt des bildhauerischen Dekors am Kaiserdom. Der **Fries** wird getragen von fantasievoll gebildeten Tier- und Menschenköpfen, Fabeltieren sowie von **Pilastern** mit Blatt**kapitellen**.

In den Bogenfeldern wechseln sich Rosetten mit Figuren von erstaunlicher Lebensnähe ab. Dargestellt sind zwei Szenen einer Jagd, die jeweils von außen nach innen zu lesen sind, beginnend mit den Hornbläsern. Das Feld in der Mitte, im Scheitel der **Apsis**, ist der nördlichen (rechten) Bilderfolge zuzuordnen. Es zeigt den Jäger, der eben noch den erlegten Hasen am Stock davontrug, am Boden liegend und bedrängt von zwei grimmig blickenden Hasen, die ihm Fesseln anlegen.

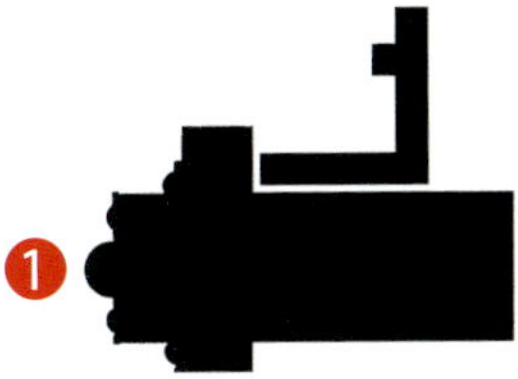

Verkehrte Welt – was bedeutet der Fries?

Die Darstellungen des Jagdfrieses lassen sich auf vielfältige Weise interpretieren. Zum Teil beziehen sich die Deutungen auf mittelalterliche Bestiarien (Tierdichtungen mit christlicher Symbolik). Ist der Jäger vielleicht der Teufel, während der Hase das Gute symbolisiert? Wird der Mensch gewarnt, dass er dem, was er erjagen will, letztlich unterliegt?

Künstlerinschrift

Oberhalb des Jagdfrieses ist spiegelverkehrt eine lateinische Inschrift angebracht: + HOC OPUS EXIMIUM VARIO CELAMINE MIRUM + SC

Die Buchstaben sind in Zweier- oder Dreiergruppen gesetzt, was die Lesbarkeit etwas erschwert. Zwischen den Kreuzen handelt es sich um die betonten und unbetonten Silben eines Verses mit Binnenreim (leoninischer Hexameter).

Eine mögliche Übersetzung lautet: „Dieses außergewöhnliche Bauwerk ist durch vielfältiges Bildhauerwerk wunderbar."

Es folgt die Abkürzung SC, die für SCULPTOR, Bildhauer, stehen kann. In

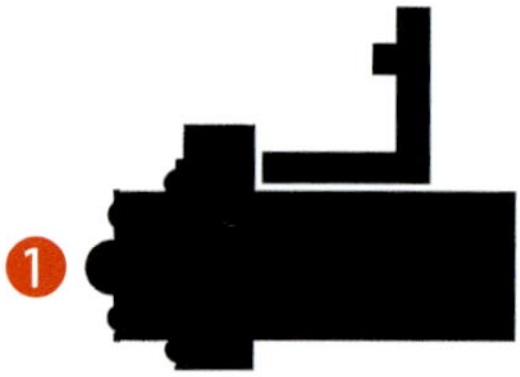

Italien war dieser Titel bei herausragenden Bildhauern gebräuchlich, die oft gleichzeitig als Architekten tätig waren. Aber wer war dieser Meister? Sein Name wird nicht genannt – oder doch?

Das Rätsel des Künstlernamens

Genau an der Stelle, wo der Name hätte stehen müssen, fällt eine Besonderheit auf: Als einzige Figur des gesamten **Frieses** durchbricht der Jäger, der den Hasen trägt, die Bogenrahmung und schiebt sich in das Inschriftenfeld. Des Rätsels Lösung: Der Name des Künstlers ist in der Jägerfigur verborgen. Der Jäger hat den Hasen erlegt, er hat ihn „besiegt". Von „Hasenbesieger", griechisch: *nicolagos*, lässt sich leicht Nicolaos, lateinisch: *Nicolaus*, ableiten.

Der Bildhauer Nicolaus gehörte zu den führenden Meistern seiner Kunst in der ersten Hälfte des 12. Jahrhunderts und hat herausragende Werke an mehreren großen Kirchenbauten in Oberitalien geschaffen. Die Signatur an der Haupt**apsis** – SCULPTOR NICOLAUS – belegt, dass er auch in Königslutter tätig war.

MARIENPORTAL

An der Nordseite der Kirche bieten zwei Portale Zugang ins Innere, das Marien- und das Löwenportal.

Ins Querhaus gelangt man durch das Marienportal. Es ist nach einer ehemaligen, dem nördlichen Querarm vorgelagerten gotischen Kapelle benannt, in der eine angeblich heilkräftige Marienfigur aufbewahrt wurde (s. Seite 110).

Das Portal ist in drei Stufen in die Wand zurückgesetzt (Stufenportal). In die Rücksprünge sind **Säulen** eingestellt, deren Basen und **Kapitelle** die Ecken vollständig ausfüllen. Sie tragen **Archivolten**, die zusammen einen tiefen Halbtrichter über dem Durchgang bilden.

Der Bauwerkssockel wird durch das Portal nicht zerschnitten, sondern als Rahmen um die Öffnung herumgeführt. Sogar die **Kämpfer**gesimse, die den Übergang von der Senkrechten zum Bogen markieren, stellen keine Unterbrechung dar, sondern schmiegen sich dicht an die Profilierungen an.

Das Marienportal, von dem im 19. Jahrhundert einige Teile originalgetreu erneuert worden sind, ist eines der ältesten **Säulen**portale der Romanik in Deutschland.

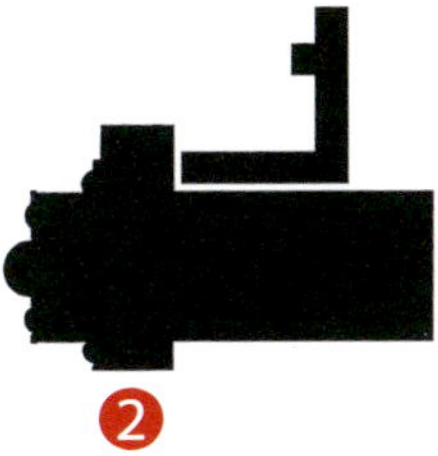

Vergleichen Sie das Marienportal mit dem auf der Vorderseite des 10-Euro-Scheins abgebildeten Portal. Die Banknote zeigt die idealisierte Darstellung einer romanischen Portalanlage. Das Motiv kann keinem bestimmten Bauwerk zugeordnet werden, es soll vielmehr die Romanik als gesamteuropäischen Baustil thematisieren.

Die Archivolten des Marienportals sind das Motiv des Kunstwerks SOL (s. Seite 54).

LÖWENPORTAL

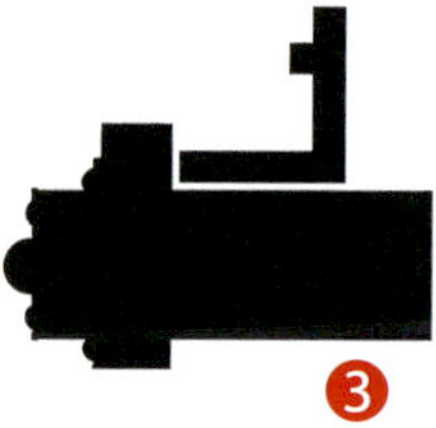

Als Hauptzugang in die Kirche ist das Löwenportal besonders aufwändig gestaltet. In mehreren rechtwinkligen Stufen ist es in die Tiefe der Wand zurückgesetzt. Den größten Rücksprung bildet der äußere Rahmen, bei dem es sich um den Bauwerkssockel selbst handelt. An dieser Stelle zeigt sich die große Erfindungsgabe und Gestaltungsfreude des Architekten: Nicht in einem einfachen Halbkreisbogen lässt er den Sockel mit all seinen Profilierungen um das Portal herumfahren, sondern in einer Art Dreipass. So gelingt es ihm, unter den Nebenbögen Löwenfiguren zu postieren und zwischen ihren Rücken und den Knickpunkten Säulen einzuschieben. Die Tiere tragen die Bögen, werden aber gleichzeitig von der schweren Last zu Boden gedrückt.

An den Bögen haben sich Farbreste aus der Erbauungszeit erhalten. Sie lassen darauf schließen, dass das gesamte Portal einst farbig gefasst war.

Die Säulen sind reich verziert. Ihre **Kapitelle** sind aus Palmblättern gefügt, die beinahe lebendig wirken und weit in den Raum hinauswachsen. An den Kapitellecken entfalten sie sich fächerförmig – daher die Bezeichnung „Palmettenfächerkapitell" (s. Seite 103).

Der linke **Löwe** hält eine menschliche Figur in seinen Pranken, die Krallen bohren sich tief ins Fleisch des Opfers. Offenbar ist hier „das Böse" gemeint. Das Gegenstück auf der rechten Seite legt sich, so scheint es, schützend über einen Widder – oder wird dieser gefangen gehalten? Beide Löwen sind im 19. Jahrhundert nach den stark verwitterten Originalfiguren gearbeitet worden, die seitdem im Inneren der Kirche aufgestellt sind (s. Seite 53).

Vorbilder für das Löwenportal des Kaiserdoms sind die Portalanlagen oberitalienischer Kirchen (z. B. Dom zu Modena, S. Zeno und Dom in Verona). Dort liegen die **Löwen** zwar in einigem Abstand vor der Wand und sind zudem anders ausgerichtet, doch die enge Verwandtschaft der Figuren lässt sich unschwer erkennen, etwa an den Backenknochen, den Mähnenansätzen oder den Ohrmuscheln.

Zum Vergleich: Verona, S. Zeno, Portalvorhalle und rechte Löwenfigur

WESTBAU

Außen

Nach Westen wird der Kaiserdom durch einen querrechteckigen, blockhaften und weitgehend ungegliederten Baukörper abgeschlossen. Er ist etwas breiter als das Langhaus und überragt das Dach des Mittelschiffs. Riegelartige Westbauten dieser Art (Westriegel) sind typisch für die romanische Baukunst in Sachsen. Die wehrhafte Erscheinung der Westbauten lässt vermuten, dass sie Dämonen von den Kirchen fernhalten sollten. Finstere Mächte und der Teufel kamen in der Vorstellung der mittelalterlichen Menschen aus Westen, von dort, wo die Sonne untergeht.

4

MITTELSCHIFF

Der Kaiserdom ist eine dreischiffige **Basilika**. Das Mittelschiff wird von wuchtigen **Pfeiler**-arkaden beherrscht. Die **Kämpfer** zeigen im Wechsel unter den Deckplatten entweder dicke Wülste oder mehrere feine Profilierungen und deuten damit eine **Joch**teilung an: Der Raum besteht aus vier annähernd quadratischen Einheiten, die jeweils mit zwei ebenfalls

quadratischen Seitenschiffjochen korrespondieren (gebundenes System). Oberhalb der **Arkaden** verläuft ein aus kleinen Würfeln zusammengesetzter **Fries** (Würfel- oder Klötzchenfries).

Barocke Gewölbe

Die über dem Würfelfries angebrachten **Konsolen** mit den skurrilen Köpfen stammen nicht aus der Romanik. Sie sind zusammen mit den **Kreuzgratgewölben**, die von ihnen getragen werden, erst im ausgehenden 17. Jahrhundert ins Mittelschiff eingebaut worden. Auf dem **Schlussstein** des westlichen **Gewölbes** ist das Jahr 1695 angegeben.

Gotische Gewölbe

Die heutigen (barocken) Gewölbe ersetzten gotische Vorgänger aus dem 15. Jahrhundert. Diese waren 1640 eingestürzt. Eine alte Sage berichtet über dieses Ereignis:

In Kriegszeiten trieben die Einwohner Königslutters ihr Vieh über die Treppe im Nordturm auf den Dachboden der Kirche, um es vor plündernden Soldaten in Sicherheit zu bringen. Einmal soll der Boden der großen Belastung nicht mehr standgehalten haben und eingebrochen sein.

Die Turmtreppe wird dieser Sage gemäß noch heute „Ochsentreppe" genannt. Der Einsturz der **Gewölbe** hat ursächlich nichts mit den Tieren zu tun, sondern mit der Baustatik: Die Mittelschiffwände waren nur für eine Holzdecke ausgelegt. Für die nachträglich im 15. Jahrhundert eingebauten Gewölbe waren sie zu dünn und gerieten aufgrund der **Schubkräfte** im Verlauf der Zeit immer mehr aus dem Lot. Die Gewölbe wurden instabil und stürzten schließlich ein. Dasselbe Schicksal drohte den heutigen Gewölben. Sie wurden in den 1960er-Jahren rechtzeitig statisch gesichert.

Holzdecke

Beim Bau der Hochwände im 12. Jahrhundert war lediglich eine flache (und relativ leichte) Holzdecke geplant. Das zeigt sich an den Fenstern im **Obergaden**. Sie sind gleichmäßig angeordnet und axial auf die **Arkaden** bezogen. Die Gewölbe passen nicht über die Fenster; deren Laibungen werden von den Gewölberändern in unschöner Weise überschnitten.

Der ursprüngliche Plan

Diese Holzdecke entsprach jedoch keineswegs der ursprünglichen Planung. Nach dem Willen des Kaiserpaars sollte der gesamte Bau mit Gewölben versehen werden – so wie der Speyerer Dom, das Vorbild. Als die **Chöre** und das Querhaus weitgehend fertiggestellt waren und mit dem Bau des **Langhauses** begonnen wurde, kam es zu einer Planänderung. Der Grund dafür lässt sich nur vermuten. Nachlassende finanzielle Mittel könnten eine Rolle gespielt haben. Wahrscheinlicher ist, dass sich die Benediktinermönche den architektonischen Idealen des neuen Zisterzienserordens anschlossen und bewusst eine Reduktion des baulichen

Aufwands anstrebten. Man verzichtete auf Gewölbe und entsprechende Stützsysteme an den Wänden, auf besondere Formenvielfalt und schmückende Elemente.

Die barocken Gewölbe im Mittelschiff und die gotischen in den Seitenschiffen (s. Seite 52–54) geben einen guten Eindruck von dem ursprünglich Beabsichtigten.

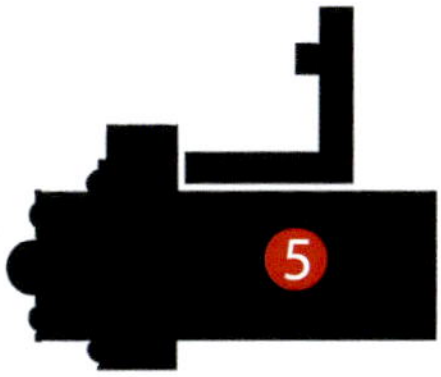

Malereien im Mittelschiff

Die Malereien an den Hochwänden sind in den Jahren um 1890 nach Entwürfen von August Essenwein entstanden (s. Seite 85). Sie zeigen zwischen den Fenstern im **Obergaden** früchtetragende Palmen mit Öllampen, in der Bilderzone darunter Verbildlichungen der **vier Elemente** und der vier Tageszeiten als Verweis auf das biblische Thema der Schöpfung. Im Zentrum der Bilder stehen geflügelte Figuren. Sie werden seitlich von Bäumen und Tierdarstellungen begleitet. Unter ihren Füßen sind Schriftbänder mit ihren lateinischen Namen angebracht.

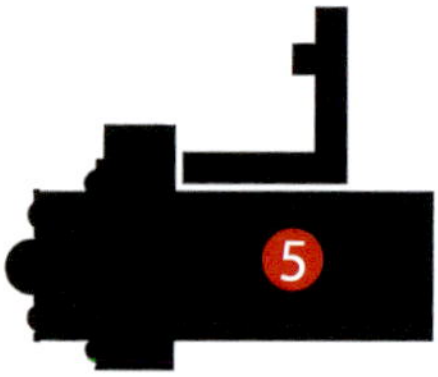

Auf der Südseite sind von West nach Ost (rechts nach links) die vier Elemente dargestellt:
TERRA (Erde): Von Löwen begleitet hält die geflügelte Figur ein Garbenbündel im linken Arm.

AQUA (Wasser): Die geflügelte Figur hält gekreuzte Dreizacke mit aufgespießten Fischen. Auf beiden Seiten wird sie von fantastischen Meerestieren begleitet, die an Delfine oder Wale erinnern.
AER (Luft): Auf den Handrücken der von Adlern flankierten Figur tanzen kleine Vögel.
IGNIS (Feuer): Die geflügelte Figur zwischen feuerspeienden Drachen hält brennende Fackeln in ihren Händen.

Auf der nördlichen Mittelschiffwand sind von Ost nach West (rechts nach links) die Tageszeiten dargestellt. Es fällt auf, dass hier dieselben Tierfiguren wie auf der Nordseite vorkommen. Mehr als eine rein dekorative Funktion ist nicht erkennbar.

DILUCULUM (Morgendämmerung): Die geflügelte Figur zieht die goldene Sonnenscheibe aus ihrem grauen Gewand hervor.
MERIDIES (Mittag): Die Figur hält die volle Sonnenscheibe hoch über dem Kopf.
CREPUSCULUM (Abenddämmerung): Die Sonnenscheibe wird zurück unter das Gewand geschoben.
NOX (Nacht): Die geflügelte Figur zieht ihr dunkles Gewand vor die Augen.

DILVCVLVM
LAVDATE • ET • SVPEREXALTATE • EVM • IN • SEC

CREPVSCVLVM
DOMINO • BENEDICITE • NOCTES • ET • DIES • DOMINO

NOX
STELLAE • COELI • DOMINO • BENEDICITE • SO

Während August Essenwein die Malereien an den Wänden im Sinne der mittelalterlichen Bilderwelt gestaltete, hat er das Mittelschiff**gewölbe** von 1695 mit einer ornamentalen Bemalung im Stil des Barocks versehen, um nicht eine frühere Erbauungszeit vorzutäuschen (s. Seite 33).

Auf zwei Pfeilerseiten der nördlichen Arkade ließ August Essenwein spätgotische Aposteldarstellungen freilegen. Sie zeigen Bartholomäus (mit Messer) und Matthias (mit Beil) als Standfiguren unter Baldachin-Architekturen.

KAISERLICHE GRABLEGE

Beim Einsturz der gotischen **Gewölbe** – Vorgänger der heutigen Gewölbe im Mittelschiff – wurde 1640 das mittelalterliche Kaisergrabmal zerstört (s. Seite 49). Jahrzehnte später beauftragte Abt Fabricius (s. Seite 66) den renommierten Helmstedter Bildhauer Michael Helwig (1663–1738) mit der Anfertigung eines prachtvollen Grabmonuments. Der Künstler hat seinen Titel – *sculpteur* –, seinen Namen und das Datum 1708 auf der **Tumba** hinterlassen.

Der schwarze Stein des Unterbaus kontrastiert zum weißen Alabaster, aus dem die Liegefiguren bestehen. Sie stellen die hier bestatteten Mitglieder der kaiserlichen Familie dar: in der Mitte den 1137 gestorbenen Kaiser Lothar III., daneben den Schwiegersohn Herzog Heinrich den

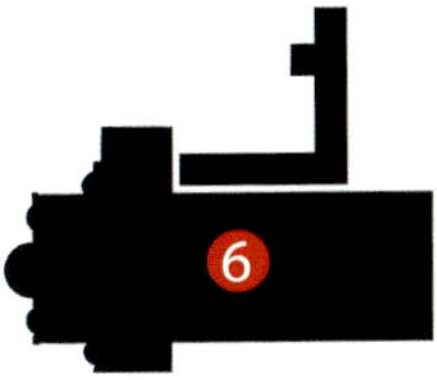

Zepter Kaiser Lothars
(Braunschweigisches Landesmuseum)

Stolzen, gestorben 1139, sowie Kaiserin Richenza, gestorben 1141.

Die vom Bildhauer angebrachte Bezeichnung „LOTHARIUS II." bezieht sich auf die Tatsache, dass Lothar der zweite Kaiser dieses Namens war. Er selbst nannte sich „der Dritte", sah sich mithin als Nachfolger des fränkischen Kaisers Lothar I. und dessen Sohn Lothar II., der im 9. Jahrhundert nur als König regierte.

Die Position des Grabmonuments und die Anordnung der Figuren stimmen nicht mit der tatsächlichen Situation überein. Die Bodenplatten vor der Tumba kennzeichnen die genaue Lage der Sarkophage, die sich nur wenig unterhalb des Fußbodens befinden. Richenza liegt auf der linken Seite des Kaisers, Heinrich der Stolze rechts von ihm. Im vierten Grab (neben dem Herzog) ist ein Kind bestattet. Der im Alter von neun Jahren verstorbene Junge war mit Sicherheit ein enges Mitglied der Kaiserfamilie. Die genauen verwandtschaftlichen Beziehungen konnten bislang allerdings nicht geklärt werden. Entweder handelt es sich um einen Sohn des Kaiserpaars oder um einen Sohn von Heinrich dem Stolzen und Gertrud, der Tochter Lothars und Richenzas, also um einen Bruder Heinrichs des Löwen.

Fragmente der Sporen Kaiser Lothars, vergoldete Bronze (Braunschweigisches Landesmuseum)

Grabausstattung

Die Gräber im Kaiserdom zeichnen sich durch eine außergewöhnlich große Anzahl von Beigaben aus. Beim Kaiser fand man neben einer bleiernen Inschriftentafel

Nachbildungen der Herrschaftsinsignien Zepter, Schwert und **Reichsapfel**. Zudem hatte man ihm die Bischofsinsignien Kelch und Patene (Hostienteller), vergoldete Sporen sowie einen goldenen und einen silbernen Fingerring mit ins Grab gegeben. Aus dem Sarkophag Richenzas konnten eine bleierne Grabkrone und Reste der Blumenbeigabe aus Salbei geborgen werden.

Zwei Ringe aus dem Grab Kaiser Lothars: Der goldene Thebalring ist mit der Inschrift THEBALGVTGVTANI versehen und sollte den Träger vor Krankheiten schützen. Der elfeckige Silberring weist Zeichen aus den drei Sprachen der Bibel auf.
Bleikrone aus dem Sarkophag der Kaiserin Richenza (Braunschweigisches Landesmuseum)

WESTBAU

Innen

In zwei weiten Rundbögen öffnet sich der Westbau zum Mittelschiff. Der Raum im Erdgeschoss wird von einem **Tonnengewölbe** bedeckt. Auf der **Empore** ist die Orgel untergebracht (s. Seite 51).

Das Tonnengewölbe schmückt eine Darstellung der „**Wurzel Jesse**“. In das dichte, flächendeckende Rankenwerk sind biblische Heilige eingefügt, die als Halbfiguren aus Blütenkelchen herauswachsen. Von einem Strahlenkranz umgeben ist Maria mit dem Jesuskind.

Die „Wurzel Jesse“ mischt sich heute optisch mit einer darunterliegenden älteren Malerei, die aus großformatigen hellen Blättern auf rötlich-ockerfarbigem Grund besteht.

Die beiden Fenster in der Westwand unter dem Tonnengewölbe sind mit mittelalterlicher Quadermalerei eingefasst. Zwischen ihnen ist – leider nur noch schemenhaft – die „Verkündigung“ zu erkennen. Dargestellt ist das biblische Ereignis, als Maria die Geburt ihres Sohns Jesus durch den Engel Gabriel angekündigt wurde.

MITTELALTERLICHE GRABMALFRAGMENTE

Beim Einsturz des spätgotischen Mittelschiff**gewölbes** (s. Seite 33, 34) wurde das mittelalterliche Grabmal aus dem 12. oder 13. Jahrhundert zerstört. Die Überreste galten als verschollen, bis man sie 1978 bei Restaurierungsarbeiten unter der barocken **Tumba** (s. Seite 42) wiederentdeckte. Sie sind im Erdgeschossraum des Westbaus ausgestellt: in der Mitte der Kaiser, rechts Richenza und links Heinrich der Stolze.

Die Skulpturen haben einen Doppelcharakter: Sie sind gleichzeitig Stand- und Liegefiguren. Das Stehen zeigt sich am Faltenwurf der Gewänder und an den Basen für die Füße. Das Liegen wird am Kopf des Kaisers deutlich, der auf ein Kissen gebettet ist.

Der Kaiser hat gelocktes Haar, seine Augen sind geöffnet. Auf der rechten Seite seines Kopfs ist der obere Teil des Zepters zu erkennen. In der ovalen Vertiefung über dem Kopf war möglicherweise eine Reliquienkapsel eingelassen. Sie wurde überdeckt von einer metallenen Krone. In höfisch-gezierter Weise hält der Kaiser den **Reichsapfel** vor seiner Brust.

Der Herzog fasst mit der rechten Hand das Schwert. Mit der linken macht er eine elegante Geste, indem er an dem Band zieht, das den umgehängten Mantel zusammenhält („Tasselgriff").

Deutlich sind an den Figuren noch Reste der einstigen Bemalung erkennbar.

ORGEL

Die große romantische Orgel auf der **Empore** ist ein bedeutendes Klangdenkmal. Gebaut wurde sie 1892 von der Firma Furtwängler & Hammer, einer in Hannover ansässigen Werkstatt, die die Geschichte des Orgelbaus in Norddeutschland lange Zeit wesentlich bestimmt hat. Durch viele grundtönige und streichende Register lässt sich ein sinfonischer Klang verwirklichen, der ähnlich einem Orchester im Volumen kontinuierlich ansteigt, ohne die Klangfarbe wesentlich zu verändern.

Die Orgel besitzt ein Pedal- und drei Manualwerke, 44 klingende Register und etwa 2500 Pfeifen, von denen die größten über fünf Meter, die kleinsten nur wenige Zentimeter lang sind.

Im Verlauf des 20. Jahrhunderts wurde die Kaiserdom-Orgel mehrfach umgebaut und dem Zeitgeschmack entsprechend verändert. Bei der von 2008 bis 2010 durchgeführten Restaurierung konnte das Instrument in seinen ursprünglichen Zustand zurückversetzt und sogar um drei Register erweitert werden, die beim Bau der Orgel vorbereitet, aber nicht eingerichtet wurden.

Der prächtige Orgelprospekt zeigt Schmuckelemente, die an das Formengut der Romanik und Gotik anknüpfen. In der Mitte lässt er den Blick frei auf das große Westfenster mit der Darstellung König Davids.

SÜDLICHES SEITENSCHIFF

Die Gewölbe mit ihren spitzen Bögen und gekehlten Rippen sind gotisch. Sie wurden im 15. Jahrhundert nachträglich eingebaut. Einige Konsolen sind als Köpfe gebildet. Möglicherweise haben sich Äbte, Mönche oder Baumeister an diesen Stellen abbilden lassen, aber wahrscheinlich handelt es sich nur um Fantasiedarstellungen. Im östlichen Joch fallen die einzelne Wandsäule sowie die Winkelsäulen am Vierungspfeiler und in der Südost-Ecke auf. Sie gehören noch zur ersten Bauphase (s. Seite 34, 35).

Den Durchgang vom südlichen Seitenschiff in den Kreuzgang ‚bewachen' zwei stark beschädigte Löwenfiguren. Es handelt sich um die Originalfiguren des Löwenportals (s. Seite 28, 29), die man im 19. Jahrhundert hierher versetzt hat, um sie vor weiterer Verwitterung zu bewahren. Trotz ihres Zustands spürt man die Kraft und Körperspannung der lebendig wirkenden Tiere mit den realistischen Details (Mähne, Pranken, Schwanz). Es war jedoch keineswegs die Absicht des Bildhauers, naturgetreue Nachbildungen echter Löwen zu schaffen. Die Skulpturen sind vielmehr als eigenständige künstlerische Schöpfungen zu werten.

NÖRDLICHES SEITENSCHIFF

Als das **Langhaus** errichtet wurde, hatte man den ehrgeizigen Plan für eine vollständige Einwölbung aller Raumteile bereits aufgegeben (s. Seite 34, 35). So wurden zunächst nur Holzdecken eingebaut. Von der ursprünglichen Absicht zeugen in den östlichen **Jochen** der beiden Seitenschiffe die Halbsäulen an den Wänden, die Winkelsäulen und die romanischen Gewölbeanfänger.

Das Eingangsjoch wird von zwei kräftigen **Gurtbögen** betont. Der westliche ruht auf fast vollrunden **Säulen** mit pfeilerartigen Aufsätzen, der östliche auf Wandpfeilern. Das **Gewölbe** ist mit Wulstrippen und einem hängenden würfelförmigen **Schlussstein** versehen. Es ist älter als die gotischen Gewölbe mit gekehlten **Rippen**.

Rabenkapitell

Das figürliche **Kapitell** im Eingangsbereich zeigt zwei abwärts stürzende Raben mit weit ausgebreiteten Flügeln und blattartig eingerollten Schwänzen. Mit ihren Krallen und Schnäbeln halten die Vögel einen Ring.

Der Rabe ist ein mehrdeutiges Symboltier: Im christlichen Mittelalter wurde er einerseits – wie schon in der nordischen und germanischen Mythologie – positiv gedeutet als wissender, weissagender Bote Gottes und hilfreicher Gefährte von Heiligen. Andererseits galt er als unrein, boshaft und Unglück bringend, war somit ein Sinnbild des Sünders. Wahrscheinlich ist diese Deutung hier zutreffend, denn das Thema Sünde begegnet uns auch in der Figur des Basilisken auf der östlichen Kapitellseite zwischen Rabenflügel und **Pfeiler**. Ein Basilisk ist ein Mischwesen aus Hahn, Kröte und Schlange. Als mythisches Fabeltier symbolisiert er die Sünde, sein Atem und sein Blick galten im Mittelalter als todbringend.

Moderne Kunst im Windfang: SOL (Bernd Schulz, 2010)

Die Sonne und das Licht stehen seit jeher in allen Kulturen im Zentrum religiöser Ikonografie. Mit seinem Werk SOL im Windfang des Haupteingangs schließt sich der Wolfsburger Künstler Bernd Schulz dieser Tradition an. Mithilfe einer Langzeitbelichtung wurden die von einer bewegten Lichtquelle auf den **Archivolten** des Marienportals erzeugten Muster festgehalten. Das so entstandene Foto ist zu einer sonnenähnlichen Scheibe gespiegelt, die auf die hinein- und hinausgehenden Besucher herabstrahlt.

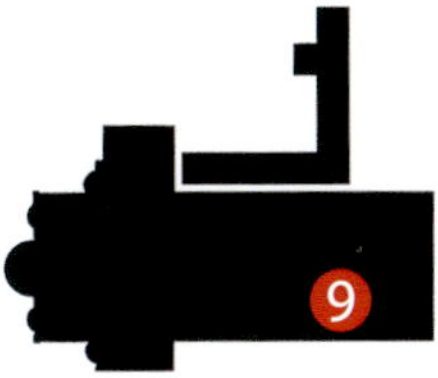
9

QUERHAUS

Das Querhaus erstreckt sich quer zur Hauptachse der Kirche und besteht aus drei Teilräumen, der Vierung (in der Mitte) und den nach Norden und Süden anschließenden Querarmen. Die Vierung wird architektonisch durch kräftige Bögen hervorgehoben, die teilweise von Viertelkreis**konsolen** abgefangen werden. Ihr quadratischer Grundriss gibt das Maß vor für die Querarme und den Haupt**chor** (s. Seite 68). Früher war die Vierung der Ort, wo das Chorgestühl stand und die Mönche sich zum Gottesdienst versammelten. Zum Mittelschiff war dieser Bereich durch einen **Lettner** abgeschirmt.

Die Querarme öffnen sich in die Seitenschiffe des **Langhauses** und gegenüber in die Chorseitenschiffe (Nebenchöre). An den östlichen Querarmseiten sind Neben**apsiden** angefügt. Die monumentale Wirkung dieser Raumteile beruht auch auf den **Gewölben**. Sie gehören zum Ursprungsbau und gelten als die frühesten Großgewölbe der Romanik in Norddeutschland. Es handelt sich um **Kreuzgratgewölbe**, die von jeweils vier schlanken, in den Raumecken aufgebauten **Säulen** getragen werden („Baldachin-Gewölbe“). Besonders zu beachten sind die Gewölbeansätze in den Querarmen: Oberhalb der **Kämpfer** treten die Gewölbegrate zwischen den Bögen extrem geschärft hervor. Aufgrund ihrer Eigenarten sind die romanischen Gewölbe des Kaiserdoms (in den Querarmen und den Chören) mit entsprechenden Vorbildern in Oberitalien – und möglicherweise mit dem Bildhauer-Architekten Nicolaus – in Verbindung zu bringen (s. Seite 23).

Moses und Johannes der Täufer

Die Malereien an den westlichen Vierungs**pfeilern** thematisieren das Alte und das Neue Testament.

Auf der einen Seite steht die bekannteste Gestalt des Alten Testaments, der Prophet Moses. Er zeigt auf die Gesetzestafeln (10 Gebote), die er im linken Arm hält. Moses wird seit dem Mittelalter häufig als „Gehörnter“ dargestellt. So auch hier: In den Kopfhaaren sind zwei Hörner angedeutet, die ikonografisch auf einen Strahlenkranz verweisen.

Auf der gegenüberliegenden Seite ist Johannes der Täufer dargestellt. Er weist auf das Lamm Gottes mit Kreuzesfahne, Symbol für Leiden, Tod und Sieg Christi. Die lateinische Inschrift heißt übersetzt: Gnade kommt durch Christus.

Beide Figuren stehen unter gotischen Ziergiebeln, über denen Fantasiearchitekturen mit Türmen, Kuppeln und zinnenbewehrten Mauern zu sehen sind.

GRACIA·VENIT·PER·CHRISTVM

10

Engelschöre

Auch die Malereien im Querhaus stammen aus dem 19. Jahrhundert und sind Teil der Neugestaltung des Innenraums durch August Essenwein (s. Seite 85). An den Wänden der Querarme sind Engelschöre dargestellt, insgesamt sechs zu je sieben Engeln. Sie stehen auf hellblauen Wolkenbändern und halten Musikinstrumente in den Händen oder tragen Spruchbänder mit Texten aus dem Alten und dem Neuen Testament.

RRA · PAX · HOMINIBVS · BONAE · VOLVNTATIS ·

Schmuckfußboden

Ein wesentlicher Bestandteil des Essenwein'schen Gesamtkunstwerks (s. Seite 85) ist der Schmuckfußboden in den Chören und im Querhaus. Die Rekonstruktion des erst in den 1970er-Jahren zerstörten Originals beruht weitgehend auf historischen Fotografien.

Die diagonal verlegten gelben und schwarzen Zementfliesen bilden quadratische Muster. Im Hauptchor, in den Nebenchören und in der Apsis sind sternförmige Ornamente eingefügt. Die in den Malereien zu beobachtende Steigerung der Farbigkeit und Formenvielfalt von West nach Ost spiegelt sich im Schmuckfußboden wider. Auch der Wechsel des Bodenbelags zwischen Lang- und Querhaus folgt diesem Prinzip.

Die Messingkreuze im Fußboden markieren die Lage von Gräbern, die durch archäologische Untersuchungen nachgewiesen worden sind. Die Kreuze sollen daran erinnern, dass sich im gesamten Innenraum der Kirche Grablegen befinden. Nicht nur die Angehörigen der kaiserlichen Familie haben sich hier bestatten lassen, sondern auch viele Äbte und hochgestellte Persönlichkeiten.

Fabricius-Epitaph

An der Südwand des Querhauses ist das prächtige Alabaster-**Epitaph** für den 1729 im Alter von 85 Jahren verstorbenen Abt Johann Fabricius angebracht. Über der Inschriftentafel ist in ovaler Fassung das Brustbildnis des berühmten Theologen eingelassen. Die seitlich angeordneten Engelsfiguren stellen links durch Stundenglas und Sense den Tod dar, rechts mit den Palmzweigen das ewige Leben. Die Putten auf dem gesprengten Giebel symbolisieren Glaube (Buch) und Liebe (Lamm).

Fabricius war einer der führenden Theologen seiner Zeit, ab 1697 Professor an der Universität in Helmstedt und ab 1701 gleichzeitig Abt in Königslutter. Gemeinsam mit dem Philosophen Gottfried Wilhelm Leibniz trat er für eine Wiedervereinigung der Konfessionen ein.

Im Jahre 1705 wurde Fabricius von Herzog Anton Ulrich um ein theologisches Gutachten gebeten. Es sollte die Frage geklärt werden, ob die Enkelin des Herzogs, Elisabeth Christine (1691–1750), zum katholischen Glauben konvertieren dürfe, um den Habsburger und spanischen Thronanwärter Karl heiraten zu können. Fabricius stellte fest, dass ein katholischer ebenso wie ein evangelischer Christ „recht glauben, christlich leben und selig sterben“ könne, es also keinen Grund gegen den Übertritt gebe. Die Prinzessin heiratete Karl, der später als Karl VI. römisch-deutscher Kaiser wurde. Aus der Ehe ging die Tochter Maria Theresia (1717–1780) hervor. Enkelin war die französische Königin Marie Antoinette (1755–1793). Nach Bekanntwerden seiner Stellungnahme musste Fabricius sein Lehramt in Helmstedt aufgeben und zog sich in seine Abtei nach Königslutter zurück.

SAKRISTEI

Vom südlichen Querarm gelangt man durch die rechte Tür in einen **tonnengewölbten** Raum. In früheren Zeiten, heißt es, sei hier die Schatzkammer des Klosters gewesen, vielleicht auch das Bierlager. Sicher ist, dass der Raum seit dem 19. Jahrhundert als Sakristei dient, also zur Vor- und Nachbereitung der Gottesdienste und zur Aufbewahrung von liturgischem Gerät und Paramenten (Textilien).

CHOR UND APSIS

Der Hauptchor hat, wie die Vierung und die Querarme, einen quadratischen Grundriss. Er wird von Nebenchören (Chorseitenschiffen) flankiert. Doppelte Arkaden stellen eine Verbindung dieser Räume her, wobei jeweils eine Säulen- mit einer Pfeilerarkade kombiniert wird.

Die beiden Säulenkapitelle, die antike korinthische Vorbilder zitieren, sind prächtig dekoriert mit Akanthusblättern, Tier- und Menschenköpfen. Sie sind der Höhepunkt der reichen Bauskulptur im Ostbau.

Das Chorgewölbe (einschließlich der Schildbögen) wird – wie die Gewölbe des Querhauses – von vier schlanken Säulen getragen („Baldachin-Gewölbe"). Den Gewölbescheitel schmückt ein Schlussstein, der eine von üppig wachsenden Blättern eingefasste Frucht zeigt.

Zwischen dem Chorraum und der eingezogenen Apsis vermittelt ein Gurtbogen auf Wandvorlagen mit Ecksäulen. So stellt sich der Übergang von den Seitenwänden des Chors ins Apsidenrund als ein gestuftes und reich profiliertes ‚Gewände' dar.

12

LOTHARIVS·IMPERATOR

Idealbilder der Stifter

An den östlichen Vierungspfeilern sind die Stifter des Kaiserdoms dargestellt, beide vor blauem Grund unter Dreipassgiebeln und in prachtvolle Gewänder gehüllt. Auf der einen Seite steht der Kaiser mit seinen Insignien Krone, Schwert und Reichsapfel. Ihm gegenüber hält seine Gemahlin Richenza ihre Hände betend vor der Brust.

Hauptapsis

In der Apsiskalotte, der Halbkuppel über der **Apsis**, thront Christus in einer regenbogenfarbenen **Mandorla** – eine *Majestas Domini* genannte traditionelle Bildkomposition. Mit der linken Hand hält er das aufs Bein gestützte Buch des Lebens, die rechte Hand ist zum Segen erhoben. Alpha und Omega, der erste und der letzte Buchstabe des griechischen Alphabets, stehen für Christus, der sich nach der Bibel als „der Anfang und das Ende" bezeichnet. Die Darstellung wird umrahmt von den Symbolen der vier Evangelisten: von einem Engel für Matthäus, einem Löwen für Markus, einem Adler für Johannes, einem Stier für Lucas. An den Seiten stehen die beiden Schutzpatrone der Kirche: Paulus hält ein Buch, Petrus einen Stab mit aufgesetztem Kreuz (Ferula) und den „Schlüssel zum Himmelreich".

Der Apsidenbogen ist mit sieben Tauben als Sinnbild der „Sieben Gaben des Heiligen Geistes" geschmückt. Auf dem vorgelagerten **Gurtbogen** sind zwölf Widder als Symbole der Apostel zu sehen und in der Mitte das Lamm Gottes mit Kreuzesfahne als Symbol für Leiden, Tod und Sieg Christi.

CTM·CVTM·IERVSALEM·NOVAM·DESC
Ecce agnus dei qui tollit peccata mundi
S. IOHANNES
S. LVCAS

Wie bei der *Majestas Domini* (s. Seite 72) hat man sich auch bei den Heiligenfiguren in der Fensterzone an den vorgefundenen Resten der mittelalterlichen Darstellungen orientiert, diese aber übermalt. Lediglich die Augen der drei nördlichen Figuren wurden unverändert in die Neufassung integriert. Im dritten Heiligen von links könnte man aufgrund der Kleidung (Fellmantel, Gürtel) Johannes den Täufer erkennen, die anderen lassen sich nicht identifizieren.

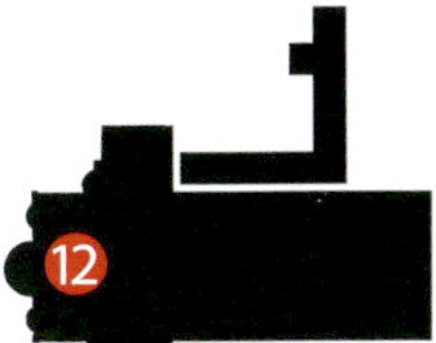
12

Fenster der Hauptapsis

Die Farbverglasungen der Fenster im Kaiserdom sind im Zusammenhang mit der Ausmalung im 19. Jahrhundert entstanden (s. Seite 85). Die drei großen Apsidenfenster zeigen jeweils drei biblische Szenen in kreisförmigen Feldern.

Linkes Fenster:
Verkündigung, Geburt und Anbetung (Weihnachten)

Mittleres Fenster:
Kreuztragung, Kreuzigung und Kreuzabnahme

Rechtes Fenster:
Auferstehung (Ostern), Himmelfahrt und Ausgießung des heiligen Geistes (Pfingsten)

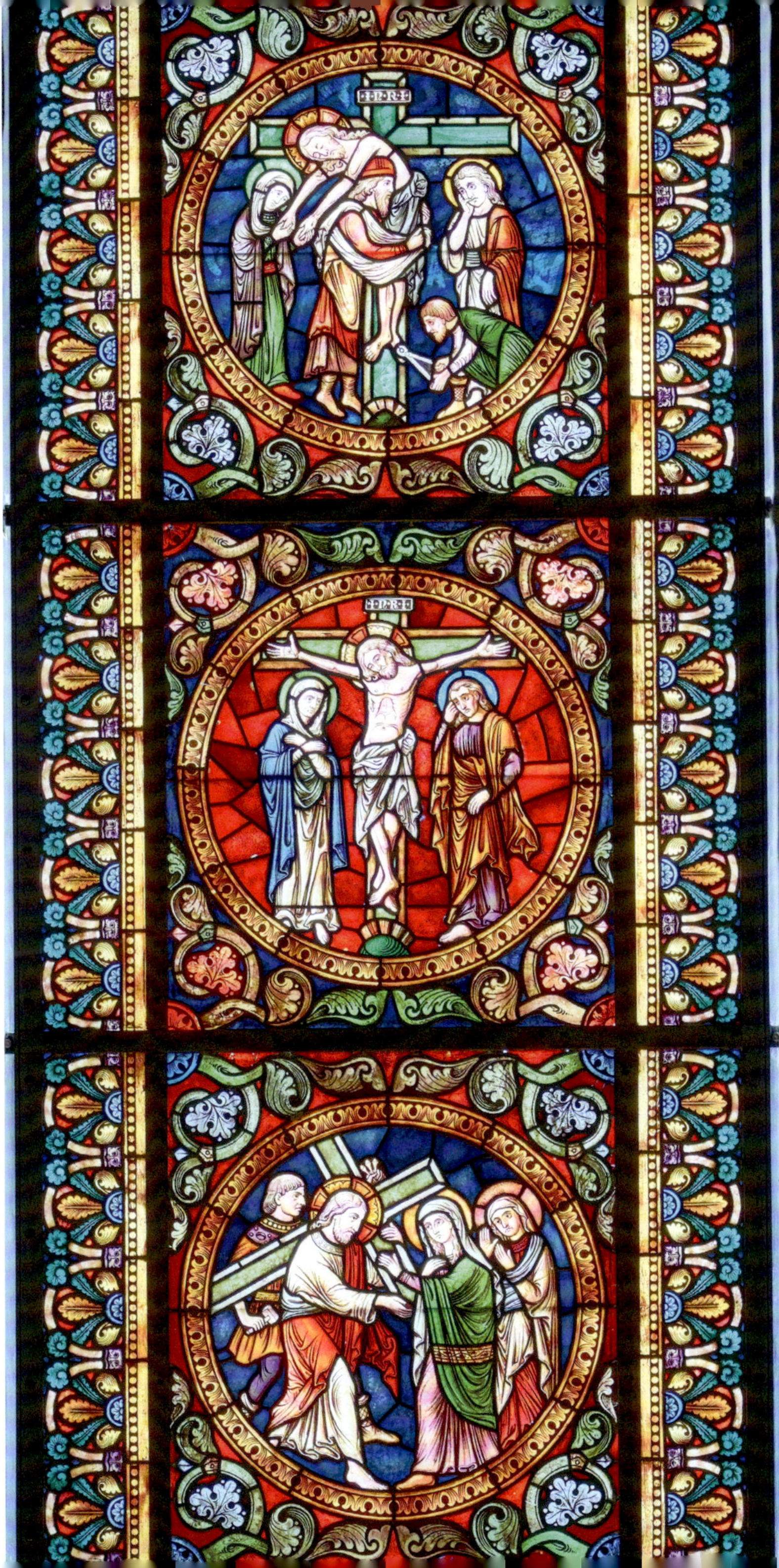

Tugenden

An den Wänden des Hauptchors werden Allegorien von 14 Tugenden gezeigt. Sie sind durch lateinische Inschriften sowie durch Symbole auf den Fahnen bezeichnet. Unter ihren Füßen winden sich die entsprechenden Laster.

Auf der Nordseite wird der Reigen von den drei wichtigsten Tugenden Liebe, Glaube, Hoffnung (CARITAS, FIDES, SPES) angeführt. Es folgen: Gerechtigkeit (IUSTITIA), Beständigkeit (CONSTANTIA), Mäßigung (TEMPERANTIA) und Eintracht (CONCORDIA).

An der Südseite sind von Ost nach West dargestellt: Enthaltsamkeit (ABSTINENTIA), Weisheit (SAPIENTIA), Demut (HUMILITAS), Gehorsam (OBEDIENTIA), Geduld (PATIENTIA), Sanftmut (MANSUETUDO) und Stärke (FORTITUDO).

IVSTITIA
SPES
FIDES
CARITAS

12

Himmlisches Jerusalem

Die Malerei am **Gewölbe** des Haupt**chors** zeigt das Himmlische Jerusalem, ein Motiv aus der Bibel (Offenbarung des Johannes, Kapitel 21). In die Stadtmauer sind zwölf prächtig geschmückte Tore eingelassen – im Grunde genommen sind es eigenständige Kleinarchitekturen, die an gotische **Tabernakel** erinnern. Vor ihnen stehen Propheten mit Spruchbändern. Die braungelbe Farbe (Ocker) des Hintergrunds und der Mauersteine steht für Gold. Die Rautenmuster auf den rötlichen Quadern

sollen an Edelsteine erinnern – in Anlehnung an die Beschreibung in der Bibel: „Und ihr Mauerwerk war aus Jaspis und die Stadt aus reinem Gold, gleich reinem Glas."

Auch in den Gewölbezwickeln sind fantasievolle Portalarchitekturen dargestellt. Darin sitzen auf Stühlen bärtige Männer und halten Krüge, aus denen Wasser fließt. Es handelt sich um Personifikationen der vier Paradiesflüsse, also jener Flüsse, die nach der Bibel den Garten Eden bewässern (Genesis 2, 10–14).

Osterleuchter

Der im Chor aufgestellte Standleuchter ist ein originales Ausstattungsstück aus dem 12. Jahrhundert. Ein über kreuzförmigem Grundriss angelegtes, aus Elmkalkstein bestehendes Häuschen mit vier Giebelfronten und Schindeldächern dient als Träger des zweiteiligen gedrehten Schafts aus Marmor. Der kelchartige Abschluss nimmt die Osterkerze auf, die nach einem sehr alten christlichen Brauch in der Osternacht feierlich entzündet wird.

Taufstein

Fuß und Schaft des achtseitigen Taufsteins sind reich profiliert. Den Übergang zur Schale bildet ein Eierstab. Die Schalenseite ist im Wechsel mit Engelsköpfen und facettierten Rechtecken geschmückt. Der abschließende Wulst zeigt typische Renaissance-Ornamente. Die Inschriften nennen die Namen der Stifter sowie das Datum 1. Januar 1614.

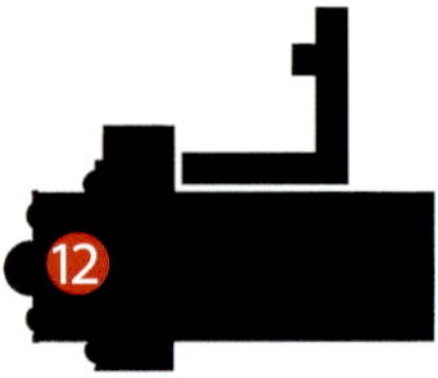

GESAMTKUNSTWERK DES HISTORISMUS

Nach der Auflösung des Klosters im Jahr 1809 wurde der Kaiserdom vernachlässigt, bis er sich Ende des 19. Jahrhunderts in einem so schlechten Zustand befand, dass eine Renovierung unumgänglich war. Prinz Albrecht von Preußen, der Regent des Herzogtums Braunschweig, regte eine vollständige Neugestaltung des Innenraums an. Sie sollte der herausragenden geschichtlichen Bedeutung des Kaiserdoms als Grablege der kaiserlichen Familie angemessen sein. Der Auftrag für die Erstellung eines Konzepts ging an den Architekten, Bauhistoriker, Museumsdirektor und Restaurator August Essenwein (1831–1892), der sich durch zahlreiche ähnliche Restaurierungsprojekte in Deutschland einen Namen gemacht hatte.

Freigelegte mittelalterliche Malereien in der Haupt**apsis** und an einigen anderen Stellen (Fensterlaibungen, **Gurtbögen**) bildeten die Grundlage für Essenweins Konzept. Die Ausführung der Neuausmalung oblag dem Hofmaler Adolf Quensen (1851–1911), der schon zuvor am Braunschweiger Dom mit Essenwein zusammengearbeitet hatte und mit dessen Methoden vertraut war.

Essenwein ging davon aus, dass der Kirchenraum im Mittelalter vollständig mit biblischen Szenen und dekorativen Darstellungen ausgemalt war. Diesen Zustand wollte er zurückgewinnen. Um einer „stylgemäßen" Raumfassung möglichst nahe zu kommen, lehnte sich Essenwein inhaltlich an bekannte romanische Bildprogramme an, wählte eine schablonenhafte, flächige Darstellungsweise und übernahm die Farbpalette der mittelalterlichen Malereien. Bis auf den **tonnengewölbten** Erdgeschossraum des Westbaus (s. Seite 46) und zwei **Pfeiler**fronten (s. Seite 41) wurden alle Flächen des Innenraums in die Neugestaltung einbezogen. Selbst die erhaltenen Reste bauzeitlicher Malereien in der Haupt**apsis** wurden übermalt. Wo es keine figürlichen Darstellungen geben sollte, wurden die Wand- und **Gewölbe**flächen mit ornamentaler Malerei versehen. Architekturelemente (Säulenschäfte, **Kapitelle**, **Kämpfer**, **Friese**) erhielten farbige Fassungen.

Nach August Essenwein handelt es sich im Kaiserdom um „kirchliche Lehrmalerei". Die Bilder sollen klar und deutlich ihre (biblische) Bedeutung vermitteln: „Die Malerei hat aber Gedanken auszudrücken, alle Darstellungen, die sich im Mittelalter in der Apsis und im Chore der Kirche befinden, variieren nur ein Thema, es ist die Darstellung der Herrlichkeit des Herrn."

Im Zuge der Ausmalung wurde auch die Kirchenausstattung erneuert. Dazu gehören der Schmuckfußboden im **Ostbau** (s. Seite 64), die Altäre, das Standkreuz und die Kanzel, ferner die Türen, Bänke, Hängeleuchten, Liedzeiger, sämtliche Fensterverglasungen und die Orgel (s. Seite 51). Nach Abschluss der Restaurierung stand das Bauwerk „in dem Gewande wieder da, welches es zu Anfang des 13. Jahrhunderts im Großen und Ganzen gehabt haben kann." (Baurat Ernst Wiehe, 1894)

Die nahezu vollständig erhaltene Raumfassung des Kaiserdoms ist ein hervorragendes Beispiel ‚schöpferischer' Denkmalpflege aus der Zeit des **Historismus**. Sie ist auch vor dem Hintergrund der Bestrebungen nach nationaler Selbstvergewisserung in der Kaiserzeit und dem Rückbezug auf das als glanzvoll erachtete Mittelalter zu bewerten.

Zustand vor der jüngsten Restaurierung (1990er-Jahre)

Die Restaurierung der Restaurierung

Das Schicksal der Malereien von August Essenwein und Adolf Quensen schien in der 2. Hälfte des 20. Jahrhunderts besiegelt. Historistische Kunst wurde gering geschätzt, oftmals als minderwertig abgestempelt. So wurden die Malereien zu großen Teilen übertüncht, teilweise sogar beseitigt. Verunreinigungen, Salzausblühungen und Beschädigungen an den Wänden wurden nicht behoben, denn man rechnete mit einer modernen, zeitgemäßen Gestaltung des Innenraums.

Mit zunehmendem zeitlichen Abstand zum 19. Jahrhundert reifte die Erkenntnis, dass die Raumfassung des Kaiserdoms einen großen Eigenwert besitzt und dass sie zusammen mit der gleichzeitig entstandenen Ausstattung ein herausragendes historistisches Gesamtkunstwerk darstellt, das es zu bewahren gilt. 2001 begann man mit einer umfassenden Restaurierung, die 2010 abgeschlossen wurde.

Als eine große Herausforderung stellten sich dabei die unterschiedlichen Erhaltungszustände der Malereien heraus. Nahezu perfekt erhaltene Bereiche mussten mit anderen zusammengeführt werden, die nur noch fragmentarische Reste aufwiesen. Während sich die Restaurierungsmaßnahmen in den östlichen Bauteilen im Wesentlichen auf die Sicherung, Salzreduzierung, Reinigung und Ergänzung konzentrierten, mussten im Langhaus auch großflächige Rekonstruktionen vorgenommen werden. Ziel war es, ein stimmiges Gesamtbild zu erzeugen, den Charakter der gealterten Raumschale zu bewahren und einen überrestaurierten Eindruck zu vermeiden.

Um die Malereien vor Beschädigungen und Verlusten durch weitere Salzausblühungen zu schützen, wird das Innenraumklima permanent überwacht und die relative Luftfeuchtigkeit in einem definierten Schwankungsbereich gehalten. So gelingt es, die Salze im Gestein weitgehend ‚ruhigzustellen' und zu verhindern, dass sie an die Gesteinsoberflächen wandern.

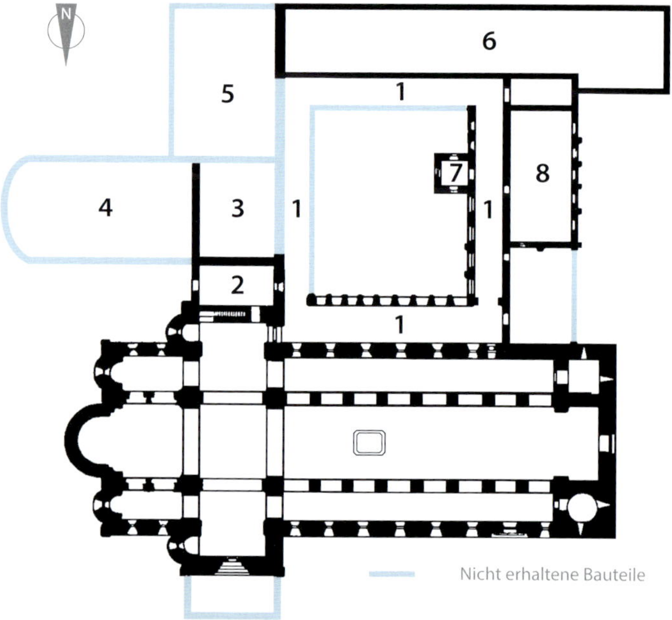

Skizze der Klosteranlage nach Heinz Röhr (Geschichte der Stadt Königslutter, 1981)

EHEMALIGE KLAUSUR

Der abgegrenzte innere Bereich des Klosters, die Klausur, war ausschließlich den Mönchen vorbehalten. Sie bestand aus mehreren Gebäuden und Räumen, die über die vier Kreuzgangflügel miteinander verbunden waren (1). Der rechteckige offene Hof im Zentrum der Anlage diente als Garten („Paradies") und Begräbnisstätte.

In dem kleinen Gebäude am südlichen Querarm (2) befindet sich heute im Erdgeschoss die Sakristei, die vom Kirchenraum zugänglich ist (s. Seite 67). An der südlichen Außenwand sind Spuren von **Gewölben** erhalten, die auf einen vierschiffigen größeren Raum schließen lassen. Möglicherweise befand sich an dieser Stelle der **Kapitelsaal** (3). Nach Osten schloss sich eine Kapelle an (4). Der Durchgang ist heute zugemauert, aber noch gut zu erkennen. Vom Dormitorium (5), dem Schlaftrakt der Mönche, ist heute nichts mehr erhalten. Das große Gebäude im Süden der Anlage (6) diente vor allem wirtschaftlichen Zwecken, im späten Mittelalter wohnte hier der Abt. Das Mauerwerk weist noch beträchtliche romanische und gotische Teile auf, die **Konsolen** an der Außenwand gehörten zu den Gewölben des Kreuzgangs. Die einstmals bedeutende Bibliothek des Klosters war in den Obergeschossen von Brunnenhaus (7) und Refektorium (8) untergebracht.

DIE BENEDIKTINER

Kaiser Lothar III. und Kaiserin Richenza besetzten das von ihnen gestiftete Kloster 1135 mit Benediktinermönchen. Der Benediktinerorden geht auf Benedikt von Nursia zurück, der im Jahr 529 auf einem zwischen Rom und Neapel gelegenen Berg, dem Monte Cassino, ein Kloster gründete und dafür die berühmte *Regula Benedicti* verfasste. Der Inhalt dieser 73 Kapitel umfassenden Regel lässt sich durch die Formel *ora et labora (et lege)* zusammenfassen: Bete und arbeite (und lese). Im Mittelpunkt des mönchischen Lebens stand das *opus dei*, das gemeinsame Gebet zu festgelegten Zeiten. Daneben verlangte Benedikt körperliche Arbeit als eine Form der Buße und zur Verhinderung von Müßiggang. Von den Mönchen wurde persönliche Armut, Keuschheit und strikter Gehorsam gegenüber dem Abt verlangt. Sie waren zur *stabilitas loci* verpflichtet, das heißt: Nach dem Ablegen des Gelübdes durften sie das Kloster nicht mehr verlassen. Abgeschiedenheit von der Welt galt als Voraussetzung für ein vollkommenes Leben für Gott. Baulich fand dieser Wunsch seinen Ausdruck in der streng abgeschlossenen Klausur (s. Seite 91).

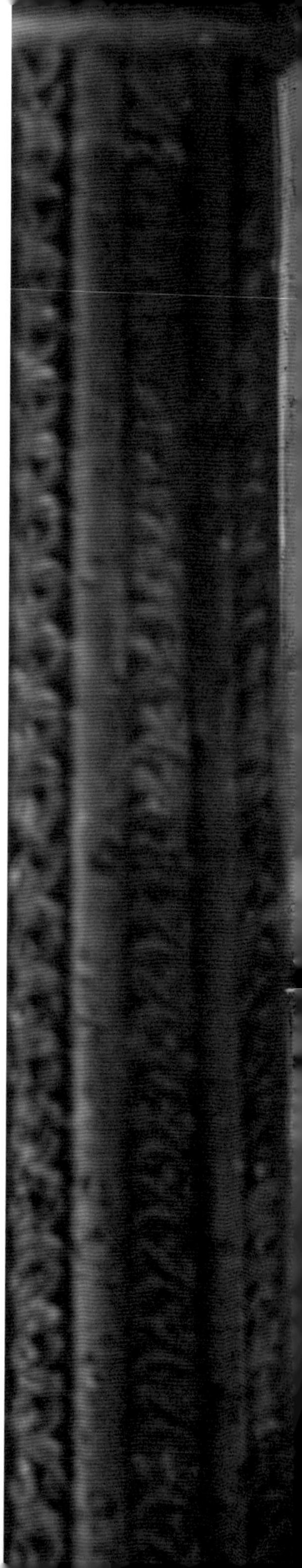

Ein Benediktinermönch im Kreuzgang (nachgestellt durch einen Domführer). Er trägt das typische schwarze Habit seines Ordens.

KREUZGANG

Westflügel

Von den ehemals vier Flügeln des Kreuzgangs, über die alle wichtigen Räume der Klausur (s. Seite 91) miteinander verbunden waren, sind nur noch zwei erhalten.

Der westliche Flügel stammt im Wesentlichen aus dem 13. Jahrhundert. Hofseitig vorgelagert ist das Brunnenhaus. Im romanischen Erdgeschoss ist ein Kreuzgratgewölbe eingezogen, das ursprünglich von vier kleinen Säulen in den Raumecken getragen wurde.

In der Mitte des Raums gab es einen Springbrunnen. Den Mönchen stand jederzeit frisches, klares Wasser zur Verfügung, das durch eine unterirdische Leitung aus dem an der Kirche vorbeifließenden Flüsschen Lutter herangeführt wurde.

Dem Brunnenhaus gegenüber, auf der anderen Seite des Gangs, befindet sich das Refektorium, der Speisesaal. Ein gotisches, jetzt vermauertes Spitzbogenportal mit Kreuzbanddekoration führte dort hinein. Bevor sich die Mönche zum Essen versammelten, wuschen sie sich im Brunnenhaus die Hände. Dies war nicht nur aus hygienischen Gründen notwendig. Die Reinigung hatte auch einen spirituellen Hintergrund: Sie bereitete die Aufnahme der ‚geistigen Nahrung' vor, die in den Tischlesungen während der Mahlzeiten geboten wurde. Das Brunnenhaus war auch der Ort, wo den Mönchen die Tonsur geschnitten, also eine kreisrunde Stelle ihres Haupthaars kahl geschoren wurde.

Der im hinteren Bereich des Kreuzgangflügels ausgestellte Sarkophag lässt

sich nicht mit Sicherheit identifizieren. Möglicherweise handelt es sich um jenen Steinsarg, von dem berichtet wird, dass er einst unter dem Tonnengewölbe des Westbaus (s. Seite 46) stand und die Überreste des Theologen Friederich Ulrich Calixt (1622–1701) birgt.

Moderne Kunst im Kreuzgang: Elmsteinfocus (Hans Peter Kuhn, 2014)
Die Installation Elmsteinfocus spielt mit der Dreidimensionalität der rauen Oberfläche des Steins. Ein Bild (Film) der Stelenoberfläche wird auf diese selbst projiziert, wobei nur ein Streifen scharf gestellt ist und der Rest unscharf bleibt. Durch den langsam auf und ab wandernden Focus entsteht der Eindruck einer natürlichen Veränderung des Materials. Zusätzlich erhält der Stein etwas Geheimnisvolles. Mit dieser Arbeit gelingt es dem Künstler Hans Peter Kuhn, Elmkalkstein, das Baumaterial des Kaiserdoms, zum Inhalt der Kunst zu machen und durch die Kunst zu erhöhen.

KREUZGANG

Nordflügel

Der nördliche, direkt an der Kirche gelegene Kreuzgangflügel ist besonders reich gestaltet. Eine Reihe von zehn prächtig dekorierten **Säulen** teilt den Raum in zwei Schiffe, die durchgehend gewölbt sind. Diese außergewöhnliche Anlageform verbindet Königslutter mit den Zisterzienserklöstern in Walkenried (romanischer und gotischer Kreuzgang) und Schulpforte.

Mit seinen zwei Zugängen – vom südlichen Querarm und vom **Langhaus** – war dieser Kreuzgangflügel fest in die Prozessionsliturgie einbezogen. Zudem diente er als Lesegang: Nach dem Abendessen und vor dem letzten Chorgebet versammelten sich hier die Mönche, nahmen auf der steinernen Bank Platz und lasen erbauliche Texte. Die dafür benutzten Bücher wurden in der Wandnische neben der westlichen Kreuzgangtür, dem Armarium, aufbewahrt.

Berühmt ist der Kreuzgang vor allem wegen seiner Bauskulptur, die sich durch eine außerordentlich große Formenvielfalt auszeichnet. Es gibt **Kapitelle**, die mit pflanzlichem Dekor geschmückt sind und solche, die ineinander verschlungene Tierkörper zeigen. Die Säulenschäfte sind mit Flechtband-, Ranken- oder Spiraldekorationen versehen, wobei sich kein Muster wiederholt.

Für die natürlich-lebendig wirkende Bauskulptur im Kaiserdom lassen sich in Norddeutschland keine Vorstufen finden; die einheimische (sächsische) **Kapitell**-skulptur hatte einen ganz anderen Charakter, sie war blockhaft und massebetont. Die königsluttersche Ornamentik kommt aus Oberitalien und steht in direktem Bezug zum Formenkreis des berühmten Bildhauers Nicolaus, der unter anderem in Ferrara, Piacenza und Verona gewirkt hat.

Vergleicht man etwa die Palmettenfächerkapitelle des Kreuzgangs (oder auch des Löwenportals, s. Seite 106) mit den italienischen Gegenstücken – hier mit einem Kapitell aus Verona – lässt sich die motivische und stilistische Verwandtschaft auf Anhieb erkennen. Beide Kapitelle zeigen die charakteristischen Palmblätter, die sich an den Kapitellecken auf halber Höhe fächerartig entfalten. Ihre Spitzen rollen sich unter den Deckplatten ein; ihre Stengel treten an den unteren Kapitellrändern als Doppelschleifen in Erscheinung und verwachsen mit den mittleren Blättern.

Palmettenfächerkapitelle
links: Kaiserdom, Kreuzgang
oben: Verona, Dom

Die Atlantenfiguren (Telamoni) sind ein beliebtes Motiv des Bildhauermeisters Nicolaus, das er an Portalvorhallen mehrerer oberitalienischer Kirchenbauten einsetzt. In Königslutter finden wir ein solches Exemplar auf der östlichen Stirnseite des Kreuzgangs (das Pendant im Westen stammt aus dem 19. Jahrhundert). Beim Vergleich mit einem Gegenstück aus Verona fallen die Gemeinsamkeiten sofort ins Auge: Beide Figuren haben einen kräftigen, gedrungenen Körperbau, ziehen, um die schweren Lasten tragen zu können, ihre Schultern hoch und schieben die Köpfe nach vorn. Und in beiden Fällen hat der Bildhauer offensichtlich große Freude daran, die Bäuche in Szene zu setzen!

Atlantenfiguren
links: Kaiserdom, Kreuzgang
oben: Verona, Vorhalle S. Zeno

Vorbild in Norddeutschland

Die oberitalienisch geprägte Bauskulptur des Kaiserdoms beeinflusst ab der Mitte des 12. Jahrhunderts maßgeblich die Entwicklung der Bauornamentik in Norddeutschland. Königsluttersche Skulptur lässt sich in Braunschweig (Ägidienkloster und Burg Dankwarderode) ebenso finden wie in Hildesheim (St. Michael), Wunstorf, Goslar oder Magdeburg (Kreuzgang am Dom). Dem Kaiserdom kommt somit eine Schlüsselstellung in der sächsischen Architekturgeschichte zu.

Palmettenfächerkapitelle
links: Kaiserdom, Löwenportal
oben: Hildesheim, St. Michaelis (in der 2. Hälfte des 12. Jh.s anstelle des originalen Würfelkapitells eingebaut)
rechts: Braunschweig, Ägidienkloster (um 1170)

anno · domini · m° · cccc° xxxi°

EPITAPHE

Der Kaiserdom war ein besonderer Bestattungsort. Nicht nur Geistliche, auch viele andere Persönlichkeiten ließen sich in der Kirche oder in deren unmittelbarer Umgebung begraben. Im Kreuzgang und Kreuzganghof sind mehrere Gedenkplatten aus dem 15. bis 18. Jahrhundert aufgestellt.

Eine besonders schöne und herausragende Bildhauerarbeit ist das **Epitaph** für Abt Bertoldus Keghel (1393–1431). Der Verstorbene ist ganzfigurig im Hochrelief dargestellt. Das üppige Obergewand, die Kasel, wirft tiefe Falten unter den angewinkelten Armen.

Papst Hadrian IV. (um 1110–1159) hatte dem Abt von Königslutter die Erlaubnis erteilt, sich bei Messen und Prozessionen mit den bischöflichen Insignien zu schmücken. Dementsprechend trägt Abt Keghel einen (teilweise erhaltenen) Krummstab, Pontifikalhandschuhe und eine Mitra (nach oben spitz zulaufende Kopfbedeckung).

Der Rahmen des Epitaphs ist mit einer umlaufenden Inschrift versehen (vertiefte, ursprünglich vollständig mit rötlicher Masse ausgefüllte Minuskelschrift).

LUTTERSCHE FAHRT

Pilgerzeichen aus Königslutter, 15. Jh., Fundort Stader Hansehafen (Wiedergabe in Originalgröße) Unter dem mit eingerollten Blättern (Krabben) besetzten Giebel ist der Gekreuzigte dargestellt, begleitet von den Heiligen Petrus und Paulus, darunter in einem halbkreisförmigen Feld Lothar III. mit den Reichsinsignien und dem Adlerwappen.

Kaiserdom mit Marienkapelle, 1830

Königslutter entwickelte sich im Laufe des späten Mittelalters zu einem der bedeutendsten Wallfahrtsorte in Norddeutschland. Der Papst hatte das Kloster berechtigt, umfangreiche **Ablässe** zu gewähren. Zudem besaß es zahlreiche Reliquien und vor allem ein angeblich wundertätiges Marienbild (Gnadenbild), das in einer heute nicht mehr existierenden Kapelle am nördlichen Querarm stand. Jedes Jahr am Peter- und Paulstag (29. Juni), dem Festtag der beiden Kirchenpatrone, strömten Tausende von Pilgern an den Elm. Viele kamen von weit her: aus Thüringen, dem Rheinland oder von der Ostsee. **Pilgerzeichen** aus Königslutter wurden aber auch in Holland und sogar in England und Norwegen gefunden.

VON DER REFORMATION BIS ZUR AUFLÖSUNG

Die Reformation wurde 1542 durch Johannes Bugenhagen, einem Freund und Vertrauten Martin Luthers, in Königslutter eingeführt. Seit dem 17. Jahrhundert waren nach der Klosterordnung die Äbte gleichzeitig Professoren der Theologie an der Universität Helmstedt. So kam es, dass bedeutende Gelehrte in Königslutter wirkten. Georg Calixt (1586–1656), heute oft als Wegbereiter der Ökumene bezeichnet, trat vor dem Hintergrund des 30-jährigen Kriegs für eine Verständigung der christlichen Konfessionen auf der Grundlage des Apostolischen Glaubensbekenntnisses ein. Für dasselbe Ziel engagierten sich auch seine Nachfolger, sein Sohn Friedrich Ulrich Calixt (1622–1701; s. Seite 96/98) und Johann Fabricius (1644–1729; s. Seite 66).

1809 wurde das Kloster aufgelöst. 1861 bis 1865 errichtete man auf dem ehemaligen Wirtschaftsgelände (südlich der Klausur) die Herzogliche Heil- und Pflegeanstalt. Heute befindet sich dort das AWO Psychiatriezentrum.

KAISER-LOTHAR-LINDE

Majestätisches Naturdenkmal

Die mächtige Sommerlinde auf dem Gelände des AWO Psychiatriezentrums – im ehemaligen Klosterhof – ist ein bedeutendes Naturdenkmal. Sie zählt zu den imposantesten Bäumen in Deutschland. Der Stammumfang beträgt fast 13 Meter, die voll ausgebildete Krone hat einen Durchmesser von etwa 30 Metern. Ihr Alter wird auf mindestens 800 Jahre geschätzt. Der Legende nach soll sie Kaiser Lothar III. bei der Grundsteinlegung der Kirche gepflanzt haben.

Im Mittelalter diente sie als Gerichtslinde, worauf die Tatsache schließen lässt, dass noch im 18. Jahrhundert an der Südwand des Abthauses, vor dem sie steht (s. Seite 90/91), ein Halseisen angebracht war. Als Mitte des 19. Jahrhunderts in den damals noch existierenden Klostergebäuden eine Kaltwasserbadeanstalt eingerichtet wurde, nutzte man den Baum als Tanzlinde. Auf einer zwischen den Ästen eingebauten Plattform konnten sich die Gäste vergnügen.

Der Stamm mit seinen vielen Verwachsungen ist, wie oft bei alten Linden, nicht massiv, sondern hohl. ‚Fenster' geben den Blick ins Innere frei. Es ist sogar möglich, quer hindurchzuschauen.

16

BERGGARTEN

Der kleine Park auf der Westseite des Kaiserdoms gehört zum AWO Psychiatriezentrum. Jean Paul Hasse (1830–1898), Direktor der damaligen Heil- und Pflegeanstalt, ließ ihn als Anstaltsgarten ab 1879 nach eigenen Plänen anlegen. Von idealisierter Natur versprach man sich eine positive Wirkung auf die Genesung der Patienten. Die pittoreske Anlage entspricht mit ihrer starken Geländemodellierung und der vielfältigen Bepflanzung dem Geschmack der Zeit. Freiräume wechseln sich mit geschlossenen Bereichen ab, immer wieder eröffnen sich überraschende Blickachsen.

Einen ganz besonderen Reiz gewinnt der Garten durch das Element Wasser, das in fließender, fallender und ruhender Form vorkommt. Die mehrstufige, aus dem Flüsschen **Lutter** gespeiste Kaskadenanlage wird mit zwei Teichen kombiniert und überbrückt einen Höhenunterschied von zehn Metern. Am südlichen Ufer des oberen Teichs befindet sich eine künstliche Grotte, am großen Wasserfall wird eine Felswand imitiert. Als Gebirgslandschaft ‚en miniature' ist der Berggarten am Kaiserdom ein herausragendes Beispiel der Gartenkunst des 19. Jahrhunderts.

Im oberen Bereich des Berggartens befindet sich das Mahnmal „Weg der Besinnung" (Günter Dittmann, 2002). Es erinnert an die Euthanasie-Maßnahmen und das Leiden psychiatrischer Patienten während der NS-Zeit.

Im Kräutergarten vor dem Refektorium, dem ehemaligen Speisesaal der Mönche, werden Pflanzen kultiviert, die schon im Mittelalter in klösterlichen Gartenanlagen zu finden waren: Heilkräuter für die Klosterapotheke und Gewürze für die Küche.

17

LITERATURAUSWAHL

Uvo Hölscher: **Die Stiftskirche von Königslutter. Eine baugeschichtliche Untersuchung.** In: Niederdeutsche Beiträge zur Kunstgeschichte, IV (1965).

Königslutter und Oberitalien. Kunst des 12. Jahrhunderts in Sachsen. Hg. v. Martin Gosebruch u. Hans-Henning Grote. Braunschweig 1982.

Thomas Weigel: **Das Rätsel des Königslutterer Jagdfrieses. Zur Rolle von Tieren in der Bilderwelt des Mittelalters**. In: Der Braunschweiger Burglöwe. Göttingen 1985, S. 155–187.

Ernst Schubert: **Stätten sächsischer Kaiser.** Leipzig 1990.

Wege in die Romanik. Das Reisehandbuch. 2 Bde.; Hannover 1993.

Bruno Klein: **Die ehemalige Abteikirche von Königslutter. Die Grablege eines sächsischen Kaisers am Beginn der Stauferzeit.** In: Heinrich der Löwe und seine Zeit. Herrschaft und Repräsentation der Welfen 1125–1235. Katalog Ausstellung Braunschweig 1995, Bd. 2, hg. v. J. Luckhard und F. Niehoff, München 1995.

Walter Wulf: **Romanik in der Königslandschaft Sachsen.** Würzburg 1996.

Romanik in Nieder-Sachsen. Forschungsstand und Forschungsaufgaben. Hg. v. Harmen Thies. Braunschweig 1997.

Ingo Pagel: **Von imperialer Musterarchitektur zu territorial-herrlichem Selbstbewusstsein. Kirchenbaukunst im Zeichen des Herrschaftswandels im norddeutschen Raum zwischen 1100 und 1300.** Hildesheim 1998.

Martin Gosebruch u. Thomas Gädeke: **Königslutter, die Abtei Kaiser Lothars.** Königstein im Taunus 1998.

Ursula Schädler-Saub: **Mittelalterliche Kirchen in Niedersachsen. Wege der Erhaltung und Restaurierung.** Regionale Kulturerbe-Routen, Band I. (Schriften des Hornemann Instituts, Bd. 4). Petersberg 2000.

Cornelia Lawrenz: **Architektur und Herrschaftsanspruch.** Die Baukunst Kaiser Lothars III. (1125–1137) und seiner Parteigänger. Ein Beitrag zur sächsischen Architektur des 12. Jahrhunderts. Berlin 2003.

Gerd Althoff: **Lothar III. (1125–1137).** In: Die deutschen Herrscher des Mittelalters. Hg. v. Bernd Schneidmüller und Stefan Weinfurter. München 2003, S. 201–216.

Kaiserdom Königslutter. Geschichte und Restaurierung. Mit Beiträgen von Norbert Bergmann, Gerold Dobler und Norbert H. Funke. Hg. v. Tobias Henkel. Petersberg 2008.

Die tätowierte Wand. Über Historismus in Königslutter. Hg. v. Hannes Böhringer und Arne Zerbst. München 2009.

Bernhard Recker: **Die Restaurierung der Stiftskirche zu Königslutter.** In: Berichte zur Denkmalpflege in Niedersachsen, Heft 1/2011, S. 2–6.

Reiner Zittlau: **Zum Verständnis der Stiftskirche in Königslutter als Kaiserdom.** In: Berichte zur Denkmalpflege in Niedersachsen, Heft 1/2011, S. 8–11.

Aus der Schriftenreihe der Stiftung Braunschweigischer Kulturbesitz, hg. v. Tobias Henkel:

Dem Mittelalter in die Augen geschaut. Der Kaiserdom zu Königslutter. Geschichte, Architektur, Bauskulptur und Malereien. Braunschweig 2010.

„Nicht Ruh' im Grabe ließ man euch …" Die letzte Heimat Kaiser Lothars III. im Spiegel naturwissenschaftlicher und historischer Forschungen. Braunschweig 2012.

Peter Springer: **Zwischen Mittelalter und Moderne.** August Essenwein als Architekt, Bauhistoriker, Denkmalpfleger und Museumsmann. Braunschweig 2014

GLOSSAR

Ablass: Erlass von Strafen für begangene Sünden. Für Königslutter bestimmte Papst Bonifaz IX. im Jahr 1401, dass den Pilgern sieben Jahre Fegefeuer und siebenmal 14-tägiges Fasten erlassen werden solle.

Akanthus: Schmuckform. Das Blatt der im Mittelmeerraum vorkommenden Pflanze dient seit der Antike als Vorlage für ornamentale Details an → Kapitellen und → Friesen.

Apsis (Apside): meist über halbkreisförmigem Grundriss errichteter, mit einer Halbkuppel (Apsiskalotte) überwölbter Raum.

Archivolte: meist ornamentierter oder profilierter Bogen über einem Stufenportal.

Arkade: Bogen oder auch Bogenfolge, nach Art der Stützen Pfeiler- oder Säulenarkade.

Basilika (basilikal): langgestreckte, drei- oder fünfschiffige Anlage, deren Hauptschiff die Seitenschiffe um die Höhe des mit Fenstern versehenen Obergadens überragt. Die Basilika war der Bautypus antiker Markt- und Gerichtshallen und wurde für (früh-)christliche Kirchen übernommen. → Langhaus

Chor (oder Presbyterium): für den Chorgesang und das Stundengebet der Geistlichen genutzter Raum am östlichen Ende der Kirche, wo sich der Hauptaltar befindet.

Empore: Erhöhter Einbau, der mit dem Hauptraum eine Verbindung hat und über eine Treppe erreichbar ist. Die Nutzung von Westemporen als Orte, von denen aus der Herrscher dem Gottesdienst beiwohnte, lässt sich nicht nachweisen. In der Regel dienten Westemporen im Mittelalter als Kapellen des Erzengels Michael oder sie waren für Sängerchöre bestimmt. Später wurden sie für die Orgeln genutzt.

Epitaph: Gedenkplatte, die unabhängig vom Bestattungsort innerhalb oder außerhalb der Kirche an einer Wand angebracht oder im Boden eingelassen ist.

Fries: bandartige Dekoration von Bauteilen, z. B. Rundbogenfries, Akanthusfries, Würfelfries.

Gewölbe: eine gekrümmte (steinerne) Raumdecke aus druckfestem Material (Gusswerk, Steine, Ziegel). Nach Aufbau und Gliederung werden verschiedene Formen unterschieden, z. B. Tonnen-, Kreuzgrat-, Kreuzrippengewölbe. Die einfachste Form eines Gewölbes ist das Tonnengewölbe (Tonne) mit rund- oder spitzbogigem Querschnitt.

Durchdringen sich zwei gleich große Tonnen im rechten Winkel, entsteht ein Kreuzgratgewölbe mit charakteristischen, sich kreuzenden Graten.

Im Gegensatz dazu ist das Kreuzrippengewölbe mit tragenden Diagonalrippen aus Werksteinen versehen. Das Kreuzrippengewölbe ist eine typische Bauform des gotischen Baustils.

Gurtbogen: quer zur Längsachse gespannter Bogen.

Hirsauer Reform: Die vom burgundischen Kloster Cluny ausgehenden Reformbestrebungen (z. B. die strenge Befolgung der Benediktregel, s. Seite 92) wurden Ende des 11. Jahrhunderts vom Kloster Hirsau (Schwarzwald) übernommen und von dort aus in ganz Deutschland verbreitet.

Historismus: Strömung in der Kunst und Architektur von ca. 1850 bis 1910, die auf der Wiederbelebung historischer Stile beruht.

Joch: von einem Gewölbe überdeckte Raumeinheit eines Kirchenschiff.

Kämpfer: Widerlager eines Bogens, Zwischenstück zwischen dem Kapitell einer → Säule und dem Bogen- /Gewölbeansatz. Insbesondere wird als Kämpfer auch der auskragende obere Abschluss eines → Pfeilers bezeichnet.

Kanonissen: (männlich: Kanoniker) führten ein geistliches Leben in klosterähnlicher Gemeinschaft nach einer bestimmten Regel (Kanon), ohne jedoch ein Gelübde abzulegen und auf Privateigentum zu verzichten.

Kapitell: eigenständig geformtes Kopfstück einer → Säule. Der korinthische Kapitelltyp wurde in der Romanik aus der antiken Architektur übernommen. Den Kapitellkörper verzieren zwei Reihen von Akanthusblättern (→ Akanthus). Darüber wachsen „Helices“ auf, deren Enden sich zu Voluten zusammenrollen und die Deckplatte (Abakus) tragen.

Kapitelsaal: Versammlungsraum der Mönche, in dem Kapitel aus der Ordensregel verlesen wurden.

Konsole: tragender Vorsprung an einer Wand oder einem Pfeiler.

Kreuzgratgewölbe: → Gewölbe

Langhaus: gestreckter Teil eines

über kreuzförmigem Grundriss angelegten Baus zwischen Westbau und Querhaus. Zum Langhaus gehören das Mittel- oder Hauptschiff und die Seitenschiffe. → Basilika

Lettner: hölzerne oder steinerne Wand, die den Bereich der Mönche vom übrigen Kirchenraum, der für die Laien (Konversen) bestimmt war, abschirmte. Der Lettner stand entweder unter dem westlichen Vierungsbogen oder im vorderen Bereich des Mittelschiffs.

Löwe: mehrdeutiges Symboltier. Im Mittelalter wurden Tieren und Dingen je nach ihren Eigenschaften mehrere, sogar gegensätzliche Bedeutungen zugeschrieben. So kann der Löwe für Macht, Herrschaft und Stärke stehen und als „König der Tiere" ein Symbol für Christus sein. Er verbreitet aber auch Angst und Schrecken, verkörpert somit oft auch das Böse, den Teufel. Alle Deutungen lassen sich durch Bibelstellen belegen.

Lutter: Der Ort ist nach dem Bach Lutter benannt, dessen Quelle nicht weit vom Kloster entfernt im Elm liegt. Erst ab dem 14. Jahrhundert wird der Name „Königslutter" allgemein gebräuchlich, um auf den König und Kaiser Lothar III. hinzuweisen.

Mandorla: (ital. Mandel), mandelförmige Rahmenform, Christus oder Maria vorbehalten.

Obergaden: obere Wandzone im Mittelschiff einer → Basilika.

Ostbau: östlicher Teil eines Kirchenbaus (Querhaus und Chor/Chöre).

Pfeiler: Stütze mit quadratischem, rechteckigem oder kreuzförmigem Querschnitt, meist mit Basis und → Kämpfer. → Pilaster

Pilaster: flaches, pfeilerartiges Gliederungselement einer Wand, mit Basis und → Kapitell.

Pilgerzeichen: wurden in Gussformen aus einer Blei-Zinn-Legierung hergestellt. Die Wallfahrer kauften sich diese Plaketten und hefteten sie sich an ihre Kleidung. Pilgerzeichen dienten als Andenken, verschafften den Pilgern Vorteile auf ihrer Wanderung – zum Beispiel kostenlose Unterkunft oder Mahlzeiten –, wurden aber vor allem wegen ihrer angeblich glücksbringenden und heilkräftigen Wirkung geschätzt.

Reichsapfel: Insignie der römischen Kaiser. Er wurde in der linken Hand zum Zeichen der Weltherrschaft getragen. Die christlichen Kaiser fügten der Weltkugel, dem ‚Apfel', ein Kreuz hinzu.

Rippe: → Gewölbe

Sachsen: mittelalterliches Herzogtum, das sich vom Niederrhein bis an die Elbe und die Ostsee erstreckte.

Salier: ostfränkische Adelsfamilie. Ihr Stammgebiet war die Region Speyer/Worms. Von 1024 (Konrad II.) bis 1125 (Heinrich V.) übte sie die Herrschaft im römisch-deutschen Reich aus.

Säule: aus der Antike übernommene Stütze mit einem im Querschnitt runden Schaft, einem Säulenfuß (Basis) und einem Säulenkopf (→ Kapitell, → Kämpfer). Abwandlung als Halb-, Winkelsäule.

Schildbogen: Randlinie eines Gewölbes an der Wand, begrenzt die über Kopf stehende schildförmige Wandfläche unter einem → Gewölbe.

Schlussstein: abschließender Stein in einem Bogen oder → Gewölbe, oftmals in besonderer Weise gestaltet oder verziert.

Schubkräfte, **Schub**: beim → Gewölbe auftretende, nach außen gerichtete Horizontalkräfte.

Staufer: schwäbische Adelsfamilie, benannt nach der Burg Hohenstaufen. Beginn der Herrschaft im römisch-deutschen Reich mit Konrad III. 1138.

Tabernakel: baldachinartiges Ziergehäuse aus Säulen und Überdachung.

Tonnengewölbe: → Gewölbe

Tumba: sarkophagähnliches Grabmonument, dessen Deckplatte oft mit einem Bildnis des Beigesetzten geschmückt ist.

Vier Elemente: Die Vier-Elemente-Lehre hat ihren Ursprung in der griechischen Philosophie und blieb lange über das Mittelalter hinaus gültig. Sie besagt, dass alles Sein auf der Welt aus den vier Grundelementen Feuer, Wasser, Luft und Erde besteht.

Wurzel Jesse: Der Stammbaum Jesu war ein beliebtes Bildmotiv im Mittelalter. Nach dem Alten Testament war Jesse der Vater von König David. Da Jesus zu einem Familienzweig Davids gehörte, war es im Mittelalter üblich, seinen Stammbaum mit Jesse beginnen zu lassen.

ABBILDUNGSNACHWEIS

Peter Eberts, Bamberg
außer:
Seite 30, 103, 105: Norbert H. Funke
Seite 44: Braunschweigisches Landesmuseum,
Foto: Ingeborg Simon
Seite 45 (oben und Mitte): Braunschweigisches Landesmuseum,
Foto: Anja Pröhle
Seite 45 (unten): Braunschweigisches Landesmuseum,
Foto: Ingeborg Simon
Seite 48: Stiftung Braunschweigischer Kulturbesitz,
Foto: Tilda Schneider
Seite 88: Stiftung Braunschweigischer Kulturbesitz,
Foto: Tobias Trapp
Seite 93: Stiftung Braunschweigischer Kulturbesitz,
Foto: Tilda Schneider
Seite 107 (oben): Stiftung Braunschweigischer Kulturbesitz,
Foto: A. Greiner-Napp
Seite107 (unten): Braunschweigisches Landesmuseum,
Foto: Ingeborg Simon
Seite 110 (links): © Hansestadt Stade, Stadtarchäologie,
Foto: J. Ansorge
Seite 110 (rechts): Herzog August Bibliothek Wolfenbüttel,
Inventar-Nr.: Top. App. 2:129
Seite 111: Herzog August Bibliothek Wolfenbüttel,
Inventar-Nr.: A 3300